연극무대

연극무대

박종인 시집

포지선

시
인
의
말

연극무대에서

시들이
청문회를 연다.

미숙한 연기가 부끄럽다.

청문회는 진행 중이다.

2020. 가을
박종인

차례

제1부

유아의 직업 13
바다와 벚꽃이 있는 연극무대 14
여백 17
이 시대의 리더 18
가을 청문회 20
동그라미 사형장 22
태양의 여인 24
스페셜리스트 －교수의 길 27
색안경의 기능 30
15세 미만의 금지구역 32
뿌리의 방식 34
위험한 가정 36
의미론적 비유 －꽃바구니 만드는 법 38

제2부

스타 스토리 −김연아　42
연애 계약론　43
관계의 부작용　44
예언의 원리　46
유행의 경로　48
범죄와의 전쟁　50
불륜의 심리학　51
데칼코마니　52
탄핵 −옐로카드　54
인내심 테스트　56
서랍을 정리하며 −각인　58
가족관계증명서　60
콜럼버스와 초승달 −스토킹　62

제3부

즐겨찾기 −매일 타는 상   64
내부 식민지   65
링거효과 −낮달   66
걸어 다니는 집   68
어느 단지에 대한 보고   70
사랑의 리퀘스트   72
부도수표   74
블랙박스   76
정의의 아군   78
소문이라는 검은 때   80
백 년의 유산   82
불변의 법칙   84

제4부

태풍의 지문　86
방귀 뀌는 모자　87
부채의 원칙　88
타임 퀘스트　90
르네상스 —창가에 서서　92
사람 만들기　93
홍길동을 낳은 봄　94
지구의 이중장부　96
당신은 복입니까? 독입니까?　98
베스트셀러　100
시 창작 실기론　102
수상 심사 현황　104

해설 시의 청문회법(聽聞會法) | 유종인　106

제1부

유아의 직업

 으앙으앙 두려워 울음으로 첫술을 든다 평생 먹어야 할 것들이 눈앞에 다 진열되었다 처음 만난 큰 밥상 앞이다

 울음으로 첫밥을 짓는 아이, 뜨겁게 울음을 지핀다 사방으로 울음이 번져가자 어미가 설익은 첫밥을 들고 다가온다

 작은 입술로 얼마나 많은 것을 삼켜야 할까 울음이 마르면 스스로 다른 직업을 찾아야 하는 밥상이다 메뉴를 정하고 스스로 찾도록 생존 본능이 요구할 것이다

 날마다 끼니마다 상을 받기 위해 아이는 그의 밥상에서 울음으로 상이란 상을 다 챙길 것이다

 첫술에도 배가 불렀다 아이의 밥상은 어미였다

바다와 벚꽃이 있는 연극무대

공간적 배경 – 아테나여신 얼굴
입 – 바다
코 – 의자
눈동자 – 아파트

광안리 바닷가

제1막

큰 입이 벚나무를 쏟아낸다. 흩날린 꽃잎이 갯바위를 덮는다. 입술 위를 거닐던 내 삶의 꽃물이 시간을 역류시킨다. 갈매기 공중전이 한창인 대극장 무대 위 긴장감이 날 선다.

영역 다툼에 휘말린 관객석, 여신 아테나의 낯빛이 붉으락푸르락, 결국 입에 명령을 내린다. 모래 무대 위로 벚꽃 만발한 벚나무들, 맹렬히 말 탄 군사같이 출동한다.

전쟁포로로 끌려가던 나도 연거푸 벚꽃을 토해내고 놀란 앤이 구하려 바다로 뛰어든다.

마음 밖 무대

망나니 행인 #1 ……
갈무리 행인 #2 ……

틈이 몰입을 찔러 분위기 죽고 기분도 죽고 과거는 달아난다.

다시 울부짖는 큰 입, 극적 상황이 관람객을 매료시킨다. 앤과 내가 간신히 빠져나오려는 순간, 셀 수 없는 벚나무 군사가 몰려오고 한 군사가 앤을 가로챈다. 나는 눈물 콧물을 토해낸다. 지켜보던 관객이 구원의 밧줄을 던지고 필사적으로 빠져나온 앤도 파도도, 벚꽃 거품을 문다. 속눈썹 짙은 아테나 눈동자도 벚꽃 눈물 홍건하고 우선 멈춤! 상황을 정지시킨 사진사도 들병이 간이의자도 숨을 죽인다.

제2막

역사책에서 걸어 나온 전쟁의 영웅들이 무대에 오른다. 관객들이 야유를 보낸다. 여신 아테나 전쟁을 즐기는 광기 뒤에 매스꺼운 지성을 숨겨 놓았다. 벚나무 군사들, 총칼을 계속 휘두르고 모래 위로 벚꽃 벚꽃 비명이 낭자하다 도시가 무자비하게 부서진다. 나팔소리, 요란한 무대 위에서 장군복에 감춘 지성이 객석으로 군례를 보낸다. 아테나가 객석을 빠져나간다.

여백

　수심이 얼마만큼 깊은지 나를 접을 때 그들의 생김새가 보인다 206개의 뼈를 지지하는 버팀목으로 나는 먼 길을 걸어왔다

　시간이 흐르고 발바닥이 부르튼 경험으로 그들을 인식할 수 있었다 더러 일자형도 있었지만 나는 아치형이라 균형을 잃지 않았다

　탄력과 여백으로 스프링이 장착된 나는 스프링복처럼 높이 뛰어올랐다

　작은 웅덩이, 거꾸로 흘러도 젖지 않는 웅덩이 두 개 위에 내 무게를 올려두고 여기에 닿았다 수평을 잡아주는 족 아치,

　양말을 벗는다 종일 어둠에 갇혔다가 밖으로 나온 이 발바닥의 여백

이 시대의 리더

＋와 ―
만나자마자 접선이다
고압선이 흐르는지 한 몸으로 포개진다
미간을 찌푸려도 지나가던 어르신이 한 마디 참견해도
목에 두 팔을 두르고 대롱대롱 매달린다
지하철 입구 전철 안에서 키스로 사랑을 확인한다
막무가내 담대한 젊음은 지나치게 사랑을 소비한다
착 달라붙은 수위를 넘는 스킨십
주변은 배경이고 둘만이 주인공이다
관객이 지켜보는 무대도 꺼리지 않는다
호기심으로 초롱초롱한 아이들
아이들은 일찍 어른이 되고
아찔한 스커트와 짙은 화장으로 나이를 가린다
장난처럼 태아가 화장실에 버려지고
모텔은 자꾸 늘어난다
콩깍지 낀 시력
불나비 같은 이 시대의 무모한 사랑 법은

절교도 화끈해서 문자 메시지로 충분하다
사랑은 뜨거워지고 이혼은 당당하다
돌아온 싱글들, 재부팅할 사랑을 찾고 있다

가을 청문회

오늘도 M 채널에서는 청문회가 열린다
가을의 나이가 된 위정자가 위엄을 차리고 앉아 있다
여러 가지 공약들이 점검된다
가을이 땀을 뻘뻘 흘린다 반대당의 공격이 시작된다
가을, 당신은 패륜을 저질렀소
해마다 형이 태동시킨 새싹을 누나가 온몸으로 길러내면 형제 몰래 재산을 훔쳐내어 탕진해버리는 가을은 패륜아요
그러고도 자신이 베푼 은혜가 하늘보다 높고
바다보다 깊은 양, 온 천하를 기만하고 있소
아니 기망하고 있는 거요
아니 무엇을 근거로 그런 말을 하는 거요?
당신의 형제요 자매인 세금을 거둬 착취하고
그것으로 호의하식하며 기만하고 있지 않소
근거 없이 인식 공격하지 마시오
기망은 법률용어와 친하고 기만은 일상생활과 잘 어울리는 것이요

형법 제347조에 해당하오

사람을 기망하여 재산상의 이익을 취득한 자는 10년 이하의 징역 또는 2천만 원 이하의 벌금이요

기만은 속임수뿐만 아니라 상대방에게 우쭐대며 남을 업신여기는 태도를 보일 경우도 사용되오

모든 것을 탕진한 가을이 변명을 늘어놓기 시작한다

동그라미 사형장

밑동이 잘린 느티나무, 나이테를 세어보니
긴 세월 바람의 손끝에서 번진 파문이
온몸에 녹음되었다
계절이 드나든 길, 헐벗은 채 추위에 떨던
음지의 시간은 길고 촘촘하다
빛이 쏟아지던 따뜻한 풍경은 느슨하게 감겼다
내가 태어나기도 전, 이미 알아버린 세상
한 번도 보지 못한 하늘과 낯선 목소리도
네 몸에 다 기록되었다
한 줄의 동그라미는 그가 걸었던 흔적
레코드판이 세선을 한 바퀴를 도는 동안
우듬지로 이어진 통로를 따라간다
천천히 해를 따라 걷던 발자국들
제 몸에 갇힌 보행은 수많은 동그라미로 압축되었다
해가 지고 달이 지고
숱한 저녁이 오고 새벽이 오고 아침이 다녀가면
공중에 걸어둔 수많은 팔을 흔들며 춤을 추던 나무

그때마다 점점 가까워지던 하늘
그가 품던 둥지와 재재거리던 날개는 사라졌다
끝내 그가 닿고 싶었던 곳은 어디였을까
두툼한 뱃살의 시간들
푸른 옷 한 벌 어디에 벗어두고 맨몸으로 이곳에 멈추었을까
숨겨둔 나이를 실토하고 또 무엇이 되려나
막막한 그의 여생은 저 사나운 톱날에 달려 있다

태양의 여인

태양이 양팔을 벌려 체조를 한다
에너지가 충전된다
매력에 이끌린 수금지화 목토천해가 태양 주변에 빙 둘러선다
폭발적인 힘이 태양계라는 틀을 만들고
태양은 아름다운 지구에 눈길을 계속 뺏긴다

심술이 동한 어둠이 검은 커튼으로 지구를 가린다
밤을 꼬박 새운 태양 아침 일찍 커튼을 걷어내고 그녀를 찾아낸다
당신이 내 몸에 불을 질렀다고 벌겋게 열기를 품는다
그녀의 체온도 올라간다
초속 299,790킬로미터의 속력으로 서로의 마음을 실어 나른다

달이 은근히 질투한다 지구 주위를 빙빙 돈다
초승달 반달 보름달로 애정의 강도를 밀고 당긴다

달의 중심을 건네받은 지구,

반쯤 마음을 내어준 24시간을 반반 나눠 태양을 안고 달을 안는다

양다리를 눈치챈 태양이 가을·겨울의 온도로 변해 간다

태양의 마음이 차츰 멀어져 냉랭함이 지구에 전해진다

지구는 냉담한 태양 곁을 꾸준한 속도로 돌면서 애정 표현을 한다

중력으로 태양과 거리를 묶는다

궤도를 이탈하지 않도록 속도를 조절한다

뜨겁지도 차갑지도 않은 거리를 유지한다

365일 5시간 48분 46초로 한 바퀴 돌며 한눈팔지 않는다

감동한 태양이 가까이 다가오니 지구의 마음이 23.5도로 더 기운다

봄여름이 태어난다

그녀, 가까워진 태양의 마음이 빠져나가지 못하게 오존층을 만든다
다른 행성들의 질투를 막는 대기권도 그때 생겼다

수많은 생명체가 생겨난다
구름 모자도 시원한 바람도 선물 받는다
비를 내려 몸을 깨끗이 씻어주기도 한다
태양이 지구 가족을 책임진다

스페셜리스트
―교수의 길

 주행거리가 많은 자동차, 또 다른 길을 떠나려고 기름을 넣고 부동액 채우고 운전석을 제 위치에 놓는다 백미러가 주변을 살핀다 시동이 페달을 밟으면 자동차는 새로운 길을 읽기 시작한다

 지식전달 위주로 달리면 instruction, 경험과 성장이 실리면 teaching이라고 읽기도 한다 주체, 대상, 내용이 시간과 장소를 함께 달릴 땐 동의어 수업의 좁은 의미로 읽는다 학습 의도로 인식을 공유하면 비슷한 위교(僞敎) indoctrination 주입이라고 그릇된 형태로 읽는다 하지만 장점이란 스케줄로 마음대로 길을 만들 수 있다 만들어가는 길을 1순위에 놓는다 놀이를 작업으로 주(8시간×5일)를 결정하지만 퇴근하지 않는다 work-life balance가 함께 달린다

 푸른 나무와 울긋불긋한 꽃들 휩쓸고 간 태풍의 역사도 같이 읽힌다 앞차에 밀린 퇴근길 자동차들 낭독을 멈

추거나 느린 속도로 길을 읽지만 생각을 읽는 뇌의 바퀴는 빠르게 구른다 자기희생의 완벽한 본을 풍경으로 만들며 서재에 책이 꽂히듯 생각이 가지런히 꽂혀있다 가득 채워진 지식을 끄집어내는 노하우는 대단하다 착한 눈은 지구상에서 가장 뛰어난 의사소통이며 약한 주장과 강한 행동으로 자동차 안을 웃음으로 채우고 가만히 읽는 눈을 틔워 주며 성인의 본심으로 머리를 깨운다 언어를 통한 의미 있는 숙고는 제자에게 논리적인 진술을 하게 한다 무언의 강한 주장으로 고속도로에선 하나인 양 빨리 읽는다 급하게 읽는 길에선 완전함을 모색하여 힘 있게 펼친 생애가 휙휙 지나가고 시간과 나이를 잊게 한다 잘 나가는 생의 페이지가 펼쳐졌다 조급하게 쓱쓱 달아난다

  비포장도로는 감정의 기복이 심하다 높낮음 섞어 장단 맞추면 굴곡이 있는 과거가 읽히고 추임새까지 넣는다 스치는 풍경에 얼굴빛 붉히며 마음을 읽던 풀잎 같은

낭만이 어제처럼 지나간다 종일 대지를 읽어 내리던 태양은 이제 퇴근을 준비한다 달려온 길은 한 권의 줄거리로 요약하고 기억의 페이지 어제 방문했던 유적지의 장면에 밑줄을 긋는다 세상 속으로 또 다른 여행을 떠나려 시동을 켠다 가지 않은 길의 어둠을 읽는 자동차는 아직도 눈부시기만 하다

색안경의 기능

 동화책을 펼칩니다. 장미가 담장 밑에서 싹을 틔우고 있습니다. 나는 그것을 눈으로 삼키고 입으로 내어놓습니다. 아이는 침대에 누워 귀로 받아먹고 머릿속에 장미를 키웁니다. 담장의 가슴을 딛고 오른 장미가 넝쿨을 펼쳐놓습니다. 두 손으로 장미를 받쳐 든 담장이 가시에 찔리자 철조망으로 장미를 쿡쿡 찌르며 색안경을 낍니다. 장미는 철조망을 무릅쓰고 자꾸 넘어가는데 아이는 잠 속으로 빠져듭니다.

 주변도 색안경을 끼고 장미를 봅니다. 의심을 싹틔운 뒤 무성한 소문이 온 마을을 뒤덮습니다. 가시 섞인 말이 꽃을 따고 잎을 따더니 병든 장미라고 놀립니다.

 그 뒤 나를 흔들고 간 슬픔은 거름이 되어 더 멀리 손을 뻗어 세상을 만지게 합니다. 말라 죽은 가지와 병든 잎들을 보며 구사일생으로 살아나 더 열심히 살아갑니다. 낡은 담장이 붉은 장미 향기로 채워집니다. 펼친 동화 역시 장미 넝쿨처럼 더 힘차게 아이의 꿈속으로 뻗어 갑니다 감정이입 된 아이는 색안경을 끼면 사물이 왜곡되게 보인다는 사실을 인지합니다.

15세 미만의 금지구역

신혼의 첫날밤은 신비로운 의미,
치마와 바지가 벽 너머에 비밀스레 앉아 있었어
호기심은 은밀한 세상을 엿보게 했지
문풍지가 부르르 떨었어
첫날밤이 암시하는 비유를 찾아
상상의 세계에 호기심이 눈과 귀를 밀착시켰지
발자국을 죽인 살금살금이 엉거주춤 기어갔어
추리는 상상을 부추기고
바지와 치마의 스적임에 귀를 열며
몇 개의 물체들이 상영을 기다렸지
밤의 복면이 벽의 세계에 상상의 골격을 형성시켰어
파인 가슴께의 속살이 비유를 주시하게 했지
쉿!
입에 일자를 그리며 조용조용 끼어든 자리
틈새로 본 치마는 바깥 세계 동정 아는지
수줍은 한 송이 꽃이었어
게슴츠레 바지가 눈길 보내고

신혼의 모닥불을 지폈지
구멍이 여기저기 무늬를 그린 벽
소란과 무례는 한 통속이라
비유의 베일을 벗기려고 기대고
엉기다 강한 바람과 함께
확, 벽이 신혼을 덮쳐버렸어
그렇게
은밀한 첫날 밤을 훼방 놓고
호기심은
15세 미만 금지구역에
더 많은 관심을 가지게 했지

뿌리의 방식

 죽은 듯이 앙상한 나무가 날씨의 위로를 받자 부스스 눈을 뜨기 시작했다 봄볕 한 사발로 메마른 입술에 생기가 돌았다 이것은 가능성이다

 예상은 빗나가거나 적중한다 절반이 확률을 넘었을 때 봄이다 잘려진 목을 접목하는 기술자들, 전문가의 손이 빛나는 철이다

 무르익어 번창한 시기는 봄의 중년, 중년은 녹음과 그늘로 이어진다 봄의 뿌리에서 출발한 계절의 마디들, 네 개의 뿌리는 네 개의 매듭을 지닌다

 되풀이되는 기술에 나이테가 그려진다 봄의 고리에 들러붙은 수많은 죽음들, 한 번의 죽음 위에 안간힘이 다녀가고 바람의 피가 서늘해진다

 그늘을 좇아 모여든 것들은 그늘의 변심으로 다시 흩

어지고 부활을 꿈꾸는 가능성은 어둠 속에 웅크린다

위험한 가정

아버지
한 자리에 서서 미동도 않고 온 천하를 먹여 살린다 표정 하나만으로 입 없이 많은 말로 가르치는

어머니
모든 것을 보듬어 안는다 수억 년 함께 한 아버지 닮아 넓디넓은 푸른 가슴을 가진, 솟구친다 그 품에 뛰어들고 싶은, 계절에 따라 얼굴색을 달리하며 무엇이든 자신 속 내에 있는 것 다 내어주는 속이 깊기만 한 어머니

그 어머니가 육지와 '불륜을 저질렀다' 안색이 변하고 '기형을 잉태했다'는 추문推問, 추문醜聞

추문은 오염과 가스를 방출하고, 어머니의 배신이 비수가 되어 아버지, 마음을 찌르고 가슴에 구멍이 난다 구멍 난 가슴으로 뜨거운 것이 달아오른다 그 뜨거움은 뜨거움을 낳고 열을 식히려다 이상 기온을 높이고 산성

비를 내리고 있다 산성비는 초목을 모두를 병들게 하고
있다

  빨갛게 끓고 있는 어머니! 어머니! 지구를 종말로 이
끌고 있다

의미론적 비유
―꽃바구니 만드는 법

강사가 앞에서 지명을 한다
A가 느낌만 간단히 얘기한다
B의 기막힌 해설
이어서 C가 다른 예를 들어가며 발표를 한다
D가 전체를 접목해서 아우른다
강사가 잘 만든 꽃 한 송이를 청중석에 바친다

다음 작품으로 넘어간다
계속 강사의 진행이 이어진다
격려, 열기가 달아오른다
다음이 프리지아 향기를 주장하며 노란색을 펼친다
백합은 커다란 얼굴로 눈길을 끈다
안개는 여기저기 스며들어 꽃들의 들러리를 선다
나는 이파리 몇 잎을 밑바탕에 깔며 정성을 보탠다
모임이 거의 끝나갈 무렵
 첨삭이 잘된 작품을 두고 선이 뚜렷한 공작새 모양의 꽃이었다고 말한다

정말 오늘은 유난히 꽃바구니가 잘 만들어진 시간이었어요
강사가 연신 칭찬한다

모두들
아 그래 오늘 정말 감동이었어
맞아 상징과 은유가 그렇게 이해되는 거였네요
A는 장미를 코에 대고 흠흠거린다
B도 노란 가베라를 가리키며 난 이게 맘에 드는데 한다
그래요 오늘의 요점은 좋은 점 보기 콘셉트였던 것 같아요
네 작품에 관한 한 그래야 할 것 같아요
사람들에게도 적용하면 좋지 않겠어요
그렇겠죠 이 꽃가게에서 꽃송이만 잘라
우아한 꽃바구닐 연출해 내듯
아마 상큼한 향기를 발산하지 않을까요
근데 얼마예요

향이 만발한 꽃바구니를 국회로 가져갔다
 국회에서는 여기다 저기다 놓으라고 연신 자기주장을 펼친다

제2부

스타 스토리
—김연아

  빙글빙글 공연이 펼쳐진다 TV 속에 꽃이 피었다 싱싱한 생화가 눈길을 끈다 손발의 극적인 연출은 한 편의 드라마, 나비처럼 팔랑거리던 몸은 회오리를 일으키고 공중으로 치솟는 순간, 시청률이 상승한다 얼음판 팽이가 되기까지 제 몸을 얼마나 후려쳤을까

  한쪽으로 돌고 돌아, 몸은 한쪽으로 쏠렸단다 반대편으로는 회전할 수 없는 몸, 생의 반은 병원 침대에 누워 팽이가 되려 했단다

  꽃이다가
  나비이다가
  다시 팽이가 되는 여자,

  수없이 넘어지고 쓰러져 얼음판에 뿌리를 내렸다

연애 계약론

　어스름을 가르며 승용차는 달리는데 누군가 앞서 달린다 빠르게 허공을 헤엄쳐온다 혼신을 다한 경주 에워싸던 어둠이 흠칫 물러선다 산등성이에 걸린 커다란 얼굴이 나를 뚫어져라 응시한다 침묵으로 마음이 전달된다 온몸이 벌겋게 달아 열기를 뿜는다 산 그림자는 길어지고 울퉁불퉁한 길은 이어진다 어둠을 빠져나오며 나도 그에게 빠져든다 우린 말 없이 쳐다보며 대화를 주고받는다 계약이 성사될 때쯤 구름이 끼어든다 그를 놓치고 내 입에 말이 고인다 구름은 더 짓궂게 따라붙는다

　그가 나를 찾아 두리번거리는 계약된 시간, 달빛에 창이 환하게 젖는다 누군가 자꾸 말을 건다

관계의 부작용

지인들이 나를 껌처럼 짝짝거리며 씹고 있다
씹던 껌 속에 흉허물이 들어있다
흉 하나를 이빨로 끊더니 탁 뱉는다
우연찮게 뱉어낸 껌을 받아 씹게 된 나는
상상까지 보태어 덩어리를 만든다
씹힌 덩어리가 위장으로 넘어간다
그것을 도로 꺼내 되새김질한다
밤새 씹고 또 씹고
온몸의 기운이 소진된다
이빨 자국 박힌 질긴 껌
단물 다 빠져도 끄떡없다
질겅질겅 씹힌 지인은 멀쩡한데
나는 입맛까지 까칠하다
끙끙 앓기까지 한다
씹던 껌을 퉤 뱉는다
내가 껌처럼 버려진다
마음에 흉터가 자리를 잡는다

껌처럼 달라붙어 떨어지지 않는다

예언의 원리

거실에 누워 하늘을 쳐다본다
하늘엔 구름의 길이 있다
저들의 빠른 행보는 바람이 결정한다
바람의 발로 걷는 구름의 보폭을 눈여겨본 자들은
하늘의 표정을 지상으로 전송한다

가벼움, 또는 무거움으로
하늘의 높이를 알려주는 기상캐스터,
그들의 걸음을 따라 시선을 옮겨가는 뉴스는 날마다
분주하다

비구름 20% 햇살 80%
그들은 하늘의 무게를 측정하여 알려주었다
나는 20%를 믿고 빈손으로 외출했다
그런데 방향을 바꾼 그들의 변심에 외출이 다 젖었다

흘림체로 갈겨쓰는 보행법은 주로 우기에 적용된다

구름과 바람의 행보를 기록한 입들이
미끈한 언어로 전시된다

온통 하늘이 젖는 날은 곡소리가 터져 나온다
리포터의 목소리가 한 옥타브 올라간 날은
어김없이 구름의 보행이 빠른 날이었다

유행의 경로

짝짓기 미팅이 있었지
신상을 명세한 메뉴판을 보는 순간
그 모임을 주도하는 이름이 눈에 들어왔어
혀로 만나는 최초의 인연
인간이 만든 최고의 걸작이었어
하지만 불길한 예감이 들었어
반복은 중독과 같은 말
최상을 뒤집으면 최악이 될 수 있으니까
지루함을 탈출하는 비상구처럼
한동안 그녀에게 몰입하고 있었어
그녀의 체취가 나의 하루를 장악하고 있었지
강렬한 검은 빛의 유혹
한 잔의 마음에 혀를 데었지
그녀를 들고 거리를 활보했어
그녀는 언제나 자신을 제공했지
그렇게 한 모금씩 나를 빼앗기며 먹히고 있었어
그녀는 하나하나 나를 빼먹고

입맛까지 바꾸고 있었지
카페베네, 스타벅스, 커피빈, 이디아커피…
이 도시의 체질까지 모두 바꿔버리겠다고
그녀 이름은 날로 번창하고 있었어

범죄와의 전쟁

 저 길고 긴 길, 바라만 봐도 기운이 빠진다 시간을 소탕하고 다시 봐도 줄어들지 않았다 돌아서면 다시 플라타너스가 몸을 털어낸다

 바람이 모아놓은 가랑잎을 뿌린다 자, 떨이요 떨이, 가을을 세일합니다 가로수를 삼킨 자루마다 배가 볼록하다 길에 뒹구는 가을이 남발한 부도수표, 부도가 난 가을이 서서히 꼬리를 내린다 해마다 계절의 유치장에 갇혀 살다 오는 가을, 바람이 수갑을 채우며 미란다원칙을 선포한다 당신은 변호사를 선임할 수 있고 묵비권도 있습니다 이제 겨울의 길목에서 서성이지 마세요. 접근금지 명령을 내리고 있다

 가을이 체포되었다 자루를 싣고 청소차가 어디론가 떠나간다

불륜의 심리학

　담벼락을 따라 침범해 있던 어둠이 나를 뚫어져라 응시한다 그는 물체를 당기는 정중앙, 눈여겨보니 그가 내게 관심 있어 한다는 걸 알겠다 어둠은 자신 안에 나를 가둔다 그런 어둠을 나는 조금 열고 본다 그의 움직임은 맘 얻기 위한 몸부림, 나를 향해 완전한 사육을 얘기하고, 나는 빛을 벗어나지 않으려고 허우적거린다 내가 다시 태어난 순간부터 나를 사랑한 이 어둠은 늘 그림자가 되어 내 옆에 붙어 있었고 해가, 질 무렵에는 외투가 되어 나를 외부로부터 보호하고 있었다 요즘은 그런 그에게 나도 점점 빠져든다 내가 나를 벗어 던지자 어둠이 더 많은 영역을 차지하고 나는 그와 함께 창밖을 바라보고 있다 창밖으로 어둠이 번지고 있다 우린 말 없이 서로를 쳐다보고 있다 그와의 빈틈없는 이런 사랑이 나는 좋다 이제 어둠은 더는 어둠이 아니다

데칼코마니

추억을
반으로 접는다.
보리가 패고 있다.
순수한 유년기가 절로 익는다.
맹물 도시락이 보릿고개를 허청허청 넘고
돌아볼 겨를 없이 달려온 시간이 회오리에 휘감긴다.
누렇게 뜬 얼굴들 보리밭에 드러눕고 문둥이가 보리밭에 숨는다.
힘든 보릿고개 버짐이 피고 누런 콧물이 줄줄 흐른다.
보리타작이다. 꺼이꺼이 먹던 꽁보리밥이다.
반으로 접었던 기억을 펼친다.
펼쳐진 무늬는 다르다.
또 보릿고개다.
수출 입국
깃발이
펄럭이며

빗장을 연다.
보리는 달러가 되고
아파트가 된다. 거품이 인다.
피어오르는 빨간 장밋빛 계절이다.
세계 속의 젊음이 담보된 일등 공신이다.
외환위기 환난 속으로 탕아들이 귀향한다.
어지러운 세상이 보리처럼 눕고 슬며시 증발한
보리밥이 건강식이라는 꼬리표 달고 신 보릿고개 넘는다.

보리밥 뷔페 보리 가스라기 추억되어 중년기 빈 가슴을 찌른다.

옛것이 눈 깜박할 사이 코 베이고 선진사회 문물이 출몰한다.

혼자가 된 노년기 고독이 딸려온다.
고향이 부른다.
빈손이다.

탄핵
―옐로카드

최루탄이 건물의 머리통을 후려갈긴다 하늘이 빙빙 돌다 펑! 굉음을 내지른다 "관리소에서 알립니다 집이 무너집니다 얼른 피하세요" 시위대조차 웅성웅성, 비바람도 요란스레 입을 벌린다 빙 둘러선 전경이 엄호 명령을 내린다 "빌딩이 금을 그었습니다 크게 입을 벌리는 중이니 신속히 행동하세요" 사선으로 꽂히는 비를 업고 안고 내달리는 군중, 그들 속을 비집고 들어간 불안이 춤을 춘다

최루탄 냄새 가스 냄새가 비에 젖는다 화두가 멱살을 움켜쥔다 허공은 흙빛이 되어 우르르 쾅쾅 시위대처럼 극성을 부린다

기회를 엿보던 언론이 구름같이 몰려오고 카메라가 무작정 삼킨 것을 TV, 라디오 인터넷에 토해낸다 스캔들을 손에 쥐고 비속어가 위정자들과 건축물과 스타를 입에 담는다 바람도 나무들 사이를 비집고 들어가며 윙윙

사건을 확장한다

　현장 수습이 비의 강도強度에 주춤거린다 질척거리는 장마의 시대, 마른하늘에서 날벼락이 떨어진다

인내심 테스트

 1, 2, 3까진 일행이 짜이고 4라는 숫자가 들락거리더니 다른 행으로 가버렸다 그러자 3도 4처럼 직유가 되어 뒤꽁무니를 뺐다 남은 1과 2가 짝을 이루며 3과 4의 관계를 의심했다 동반석을 떠나보내고 1과 2가 둘만의 여행을 꿈꿀 때 꽁무니 뺏던 숫자 하나가 둘의 의미 사이로 파고들었다

 의미가 성립되기 위해 나머지 한 숫자가 또 다른 숫자를 소개하고 예약은 궤도에 오르는 듯하더니, 한 숫자가 역설적인 비유를 만들며 또다시 빈자리를 내밀었다 동반석이 흩어질까 봐 다른 숫자를 물색하며 빈자리를 끌고 갔다

 당일 아침, 아유, 반대 방향을 예약하셨습니다 순간 동반이라는 의미가 산산조각이 났지만, 시간을 늦추고 의미를 꿰맞추려 숫자를 찾는 운동이 벌어졌다 날씨는 상황을 대신해 눈물을 흘렸고 달려온 우산은 숫자들을 둘

러보더니 접었던 우산을 다시 펼쳐 들었다 예약석엔 동반을 거부한 숫자의 자국만 알쏭달쏭한 의미로 앉아있었다

서랍을 정리하며
―각인

 추락한 버스의 생존자가 한 명 한 명 구출된다 관 같은 서랍으로 한 켤 한 켤 양말이 구조조정된다 늘어진 양말의 발목에 새긴 이력도 가지각색이다 먹구름이 어둠의 꽃을 피워낸다 늘어진 양말 한 짝, 급하게 앰뷸런스에 실려 간다

 신었던 양말 말아놓은 얼굴들이다 눈물을 흘리지 못하는 숨죽인 비명 슬픔이 기쁨을 삼켜버린다. 아픔은 웃음으로 변장한다 발령을 늦출 수 있는 바늘만이 뾰족하게 날을 세우고 절망으로 한숨 짓던 가지와 잎새들, 희망 날라다 준다 기운 양말 더 신을 수 있게

 내일이 잠식당한다 몸집이 자체 정리에 들어가 군살 **빼기를 한다**

 살을 도려내는 통증 내려가는 몸무게 뼈만 남은 마른 잎 시한부의 유언이다 인수인계되는 소리 나무상자 다

가오는 소리다 그렇게 먹구름에 해고당하여 허공에서 떨어지는 빗방울의 아찔함, 토할 것 같은 어지러움은 서랍 문을 닫음으로 막 내렸다 버스의 생존자 되지 못하고 내세來世의 스카우트로 양말 뭉쳐놓은 것 같은 삶만 나뭇등걸에 아프게 새겨 놓고

  퇴출당한 잎새 빈자리만 확인되는 그런

가족관계증명서

인간 사회에서
갈등은 피할 수 없지
그래도 두 개의 동굴이 사랑으로 있는 그대로를
받아드리고 동그랗고 투명한 뚜껑을 같이 덮고
닫힌 뚜껑 속으로 더 잘 보는 그게 곧 리듬에
맞춘 인류사회 공동체의 조화 아닐까?
피아노 건반의 서로 다른 음이 조화를 이뤄
아름다운 멜로디로 나오는 것처럼 안경도
두 개의 다리로 얼굴을 같이 붙잡고 같이
보이는 것을 잡아당겨 풍경들을 같이
빨아들이는 공동체의 극치 그리고 언제나
같이 허기진 듯 희생을 채워 넣고 넣어도
차지 않지만 사이좋게 두 동굴로 나란히
짝 맞추어 한 곳을 바라보는 음률의 선처럼
말이야 마치 일란성쌍둥이가 같이 팀웍을
자랑하는, 동굴과 뚜껑이 맞춤형 제짝으로
만난 연분이기에 같이 울고 웃고 도전하고

격려하는 그런, 그래서 시너지가 하모니를
이뤄 동굴은 동굴대로 각각 문을 가지고
있으면서도 다양하지만, 음의 리듬같이
모두가 하나로 잠을 잘 땐
그 문을 닫고 잠이 들면 그때서야
동굴을 떠난 안경은 안경집에서
잠이 드는 각각은 독특하지만
이처럼 성공적인
팀웍이 진정한 가족관계로
증명되는 것 아닐까?

콜럼버스와 초승달
―스토킹

 그가 발견한 땅이 식민지가 되길 원했어 금과 향료의 나라 동양을 그리는 그의 가슴엔 검은 대서양만이 파도치고 있었지 땅이 보이지 않으면 내 머리를 자르시오 기꺼이 목을 내놓았지 육지다 외치는 순간 목은 살아나고 역사의 새 새벽이 오고 있었지

 범선을 타고 대서양을 건넌 그의 역사 속에 종일 파도가 넘실거리고 저어가던 뱃머리를 책상 위에 올려놓았지 창밖에는 초승달이 떠 있었어 달을 타려고 이마에 수평선을 만들었지 초승달은 수평선을 그어놓았어 바다가 요동하고 마스트가 심하게 펄럭이는 날 저녁이면 어김없이 그는 정수리에 닻을 내렸어

 신대륙을 여왕께 바치는 순간
 새 역사의 페이지마다
 가혹한 식민지로 물들고 있었어

제3부

즐겨찾기
―매일 타는 상

 나는 매일 상을 받는다 이미 상에 중독되었다 숨이 붙어있는 한 이 상을 타지 않으면 안 된다

 전에는 남이 주는 상만 받았다 이제 나 스스로에게도 주고 남에게도 준다 남에게 주는 위치이니 상 주는 재미가 쏠쏠해야 하는데 마지못해 주는 날이 더 많다 그런 날이면 상을 받은 사람이 오히려 짜증을 낸다 허구한 날 주는 상, 줄 때마다 부상을 챙기란 말인가

 상이란 모두가 즐거워야 하는 것 웃음꽃이 피어나야 한다 남녀노소 경쟁률이 가장 높은 상 마음과 육체가 갈망하는 피와 살을 만드는 상 그 상이 행복을 업그레이드시킨다 그래서 즐겨 찾기 하게 한다

 오늘도 상을 차린다 메뉴를 바꾸고 입맛을 정리한다
배고픈 식구들이 올 시간이다

내부 식민지

 아름다운 숲이었지 음지와 양지가 조화를 이룬 평화로워 보이는 숲 그 숲을 찾았다가 나는 혼란에 빠졌어 성선설과 성악설이 적용되는 숨 막히는 각박한 인간 세상이었거든, 오직 죽느냐 사느냐, 선택만 있었어 나의 모습일 수도 있어 등골에 식은땀이 흘렀어

 빽빽한 나무들이 빛을 찾아 안간힘쓰고 가냘픈 나무가 큰 그늘에 치어 창백했어 옆을 칭칭 감고 목을 조르고 햇살 한 줌 구걸하려고 자리를 빼앗고 뿌리를 드러낸 놈, 뿌리 잘린 놈 이끼에 잠식당한 놈 평지도 있고 벼랑도 있었어 바람이 자는 곳 사나운 곳도 있었지

 인간의 삶을 닮은 살벌한 경쟁터, 탈출구가 없는 내부 식민지

링거효과
―낮달

늦은 밤에 병원을 찾았다
건너뛴 혈압약이 친정어머니를 병원 시트에 눕혔다

골 깊은 얼굴을 바라보며
머리맡 링거병은 낮달처럼 떠 있고
올가망한 얼굴들이 둘러앉았다

이마의 골을 깊게 한 수척한 얼굴
힘없이 섬처럼 떠 있는 어머니

링거는 계속 빛을 보내고 있고
빛은 점차 어머니 몸에서 빛나기 시작한다
급기야 스며든 빛이 가라앉은 어머니를 들어 올린다
맥박을 따라 똑똑 링거액이 떨어지고
흐린 망막에 초점이 돌아온다

자신의 것을 내주고 비워 내느라

채워 넣는 것을 잊어버린 어머니
링거 역할을 해야 하는 우리들은 언제 화색이 돌게 했었던가?

하늘 귀퉁이에 떠 있던 희미한 낮달
우리는 모두 바람이거나 구름이었다
거기 달이 있었던가

하늘을 바라보던 때는 한참을 지났다

몸을 한 바퀴 돌아 나온 달빛이 주르르
눈물로 흘러내린다

달하나, 구름을 빠져나와
어둡던 병실이 환하다

걸어 다니는 집

 숲과 호수와 확 트인 창을 가진 집, 나는 그 집에서 휴식을 취하고 편안한 잠을 잤어요 창과 문을 통해 사물의 모양과 크기를 알고 기분을 전환하죠 나의 웃음과 눈물도 모두 그 집에서 나왔어요

 어느 날, 나는 그 집을 빠져나와야만 했어요 커다란 불길이었죠 불씨를 제공한 건 나였어요 겨우 집을 빠져나왔을 때 간이 오그라들었죠 까맣게 타버린 집이 복구되는 데 몇 년이 걸렸죠 이승과 저승을 넘나들 아픔을 겪었지만, 태양처럼 그녀는 변함없이 따뜻함을 전하며 에너지를 지원했죠

 나는 그녀의 주변을 맴도는 해바라기였죠 내 힘으로 여기저기 걸어 다닐 땐 뒷전이 되고 말았지만, 여전히 내 세계인 그녀, 지금은 멀리 떠나와 가족을 만들어 그 집을 흉내 내며 살고 있죠 아직도 힘들 땐 찾아가 투정을 부리고 때론 내 집에 그 집이 방문해 이곳저곳을 거닐며 손질

하고 부족분을 채워주는 오래된 집, 어머니는 언제나 편안한 집이에요 미래로 이어질 집

어느 단지에 대한 보고

회순
1. 보고 2. 조건 3. 기재 사항 4. 각성

1. 보고
항아리가 하나
간장이든 고추장이든 눈에 띄는 것은 모두 먹어 치움
조금씩 속이 차면서 키가 늘어나
어느 날
단지로 변해 있음.
생각이 커지고 만물의 이치가 몸 안으로 들어오고
단지가 윤이 나고 눈길을 끌기도 함
어느 날부터 잘못된 것들까지 받아 넣고 있음
가득 찼다고 착각함

2, 조건
시간이 흐르면서 조금씩 변해감
시나브로 미세한 구멍들이 생겨

채우는 것 보다 빠져나가는 양이 더 많아짐
바닥이 드러나기 시작
어느새 밑 빠진 항아리로 변함

3. 기재 사항
점점 소리가 커지고
거미가 집을 짓고 들어앉음
건망증과 불면에 시달림

4. 각성
채워지는 것은 세월과 고독
점점 윤기를 잃고
뎅그렁뎅그렁
건어물이라도 넣어 존재 가치를 높일 필요가 있음

사랑의 리퀘스트

아버지가 먼발치서 묵묵히 바라보신다
듬직한 표정을 하고 짧은 인생 행로 일곱 명 착륙시키고
두 명이 이륙한 아버지의 나라에는
수시로 출구가 열리고 닫힌다
언제나 저만치서
바둑판 장기판 훈수 두듯
무엇인가 자꾸 주고 싶은 열망을 안고
변함없이 내려다보신다
움직임 하나 없이
궤도를 빗나갈까 그저 안타까이 조바심치며
소용돌이치는 물결이 연대기란 정류장에 잠시
하차하거나 쉽게 변하는 세상 장면에
초보 조종사같이 지구 위를 스쳐 간
모든 아버지 가슴이 까맣게 타들어 간다고
묵언으로 이야기하신다
오늘도 내일도 그렇게 바라보며
지구라는 행성에 수많은 여행객 중

가능한 성자, 성녀로 살라고
지워지지 않는 이름을 새기라고
흉내 낼 수 없는 마음을 시간에
기록하며 온몸으로 이야기하신다
둘러친 병풍처럼 앞산 뒷산을
배경으로 큰 바위 얼굴을 하고
온몸으로 재촉하신다

부도수표

부모로부터 자그마한 사업체를 물려받았다
혼자서는 도저히 꾸려갈 힘이 없어
부모님 손에 키워졌다
한번은 정말 고비였다 부모로서도 어쩔 수 없었다
이웃집의 특수한 능력을 빌렸다
한 방에 해결했다
조심스레 한 발짝 떼어놓으며 키워갔다
가끔 경영난에 허덕이기도 했지만 별 탈 없이 굴러갔다
사업체는 클 대로 크긴 했지만, 내실이 문제였다
한번은 괜찮은 제안이 있어 수없는 타진 끝에
받아들였다
속이 채워질 때 희열을 느꼈다
사업체는 남들이 탐을 낼 정도였다
여러 번의 합병요청이 있었다
내실은 채워지는데 외실은 점점 부실해져 결국
합병요청을 받아들였다
합병한 뒤 하나의 사업체를 늘렸다

애착이 가고 사랑스러웠다
그 사업체에 몰두하느라 내 사업체에 문제가 생겼다
사업체가 일어나느냐 주저앉느냐가 걸린 일이었다
많은 부도수표를 내며 어찌어찌 일어섰고
그 뒤로 내실을 더 채웠다
또 한 번의 희열 물 만난 나무였다
잎이 무성해지고 열매도 맺히는 것 같았다
그중의 하나가 시 쓰기이다
채워진 물은 시가 되어 나오고 있다
40년의 부도 수표는 약속어음으로
바뀔 것이다

블랙박스

　흐르는 물결 따라 속도를 내다가, 도로가 충돌로 주춤거린다 겹겹으로 오글거리는 파문들, 블랙박스가 상황을 그대로 재생한다 물길을 막아선 돌멩이를 들추니 피해자 가해자가 거기 있다 물의 갈피, 냇물 일기장에서 걸림돌처럼 툭 불거져 나오는 빛바랜 기억의 파편

　내 삶 깊숙이 들어오던 돌멩이, 사고의 지점에서 구정물을 일군 채 보이지 않는다 과거 속에 박힌 돌 소문이 밀고 들어 온 곳에는 사람들 입방아가 몇 대 몇으로 삶을 평가한다 거세게 이리저리 휩쓸린 과거

　지금도 기억 속, 돌이 박혔던 자리는 움푹 패여 있다 평평한 자리로 되돌리려는 현재의 내가 거기 있다 지금도 어제가 들추이면, 파문이 일고 지난 시간을 돌돌 말아 감추고 싶다 냇물처럼 흘러간 날들을 떠올릴 때마다 선명하게 살아나는 아픔, 지난 기억이 파인 자리에 흐리고 갠 날로 겹쳐 자동으로 재생된다 오늘도 기억의 블랙박

스는 고스란히 야누스로 떠올린다

정의의 아군

과열된 서쪽 하늘이 수상하다
이것은 끝의 징조
레드카드에 정신이 팔렸을 때
바람이 쥐여주는 경고 한 장
저만치서 어둠의 군대가 쳐들어오고 있다고
순간 정신을 가다듬고 어둠에 맞설 준비를 한다

노선을 들여다보고 귀가를 서두른다
주변엔 이미 만반의 준비 갖춘 이들이
불빛으로 시위를 하고 있다

이 막무가내의 힘
잠시 후 어둠의 군대는 곳곳을 장악한다
사방은 어둠으로 채워지고
어둠과 싸우려고 야근을 자청하는 이들은
출근을 서두른다
불빛을 피해 산등성이로 몰려가

지원군과 합세한 어둠은 다시 도시로 진격한다
전쟁에 끊어진 길들
질주와 폭력으로 난폭해진 어둠들
일제히 지원사격에 나선 가로수와 네온사인도
곧 익숙해져 자신을 에워싼 적병을 허용한다
어둠과 대치하는 불면들은
습관처럼 수면제를 삼킨다
지루한 전쟁은 이어지고
어둠을 제압하는 아군이 다시 동쪽에서 출발한다
햇볕 군대가 성공의 팡파르를 울리면서
환한 세상을 데리고 온다

소문이라는 검은 때

지구가 돌고 있다
사람들이 부대끼고 엉켜 몸부림친다
세차게 소용돌이치는 시간이라는 물살,
거대한 세탁기 속에서 얼기설기
인연이 문제가 엉킨다
이것저것 경계를 나눈 생각들
더러움을 쏟아내 세상의 물때가 점점 탁해진다
세파에 찌든 얼룩들 엇갈린 생각이 둥둥 떠다니고
소문이라는 검은 때가 입에서 흘러나온다
비리를 씻는 청문회 몸짓으로 치대고 비벼댄다
내 작은 공간도 입씨름이 거품을 일으킨다
하루하루를 소문이라는 검은 때가
온 세상을 쓸어버리려 시끄럽게 빙글빙글 돈다
삶을 조물조물 비비고 헹구면서
스캔들의 물살이 뉴스를 타고
조용한 생활의 물기를 제거한다
치대고 비비고 노화를 부추기며 소문이 돈다

입방아는 대상을 몰고
품위와 고상함을 거센 물살에 실어
감방으로 보내기도 한다
오늘도 거대한 지구는 소문으로 뒤덮인다
세탁기는 거침없이 돌려 탈수시키고
물기를 제거하려 돌고 있다
하나둘 드라이시킨 이름을 널고 개키려
여전히 세탁기는 원을 그리며 돈다

백 년의 유산

 제목만 봐도 그 열매를 알 수 있다 탐스러운 사과나무 목차와 소개말부터 맛을 본다 먼저 혀를 댄 추천을 참고한다 호기심이 표지를 먹어 치운다

 사과나무에 취해 꼬박 밤을 새운 적도 있다 새벽녘쯤 마지막 글자를 삼켰을 땐 사과나무가 더 또렷이 모습을 드러낸다 궁금증은 열매처럼 매달아 놓은 각주로 풀어내고

 사과나무를 과식하여 노트에 큰 제목과 소제목, 줄기 가지, 잎을 토해놓는다 사과나무 이파리, 씨앗, 그늘과 뿌리, 온통 사과나무 향에 젖는 밤 스티브 잡스의 사과와 세잔느의 사과도 함께 먹는다 사과나무는 잡식성, 소문이 돌면 베스트셀러로 팔려나간다

 한 해 백 그루의 사과나무를 쉬지 않고 먹은 적이 있다 눈으로 삼킨 사과나무는 뇌의 저장고에 터를 잡고

아직 살아 있다

불변의 법칙

 그는 선망의 대상, 관심은 정보 수집을 불러 모았다 사귈 수 있는 시험을 통과하자 그는 처음부터 나를 긴장시켰다 몇 번의 데이트에도 다른 사람이 동석했고 그에 대해 많은 것을 준비해도 항상 떨렸다 두려움은 십삼 년을 망설였다 포기를 선언했다가 한두 번의 격려가 등을 두드리자 연애는 다시 찾아왔다 극도의 긴장감은 설렘을 안겨주었다 그와 만나는 시간이 잦아질 무렵 그는 내 주머니를 털어 갔고 까맣게 애를 태우기도 하였다 그는 조금만 방심하면 여지없이 대가를 요구했다 드디어 그를 파악하고 비위를 맞출 줄 알게 되자 설렘은 차차 줄어들었다 가끔 그의 말을 듣다가 흘러간 연애를 생각하기도 했다 하품을 하다가 문득 주머니가 비었다는 사실을 깨닫는 순간, 지루하다고 고개를 끄덕였다 이런 자동차 사랑은, 또 다른 연애를 찾는다

제4부

태풍의 지문

바람의 악력握力에 나무가 뿌리째 뽑혔다
허공에 찍어대던 지문을 나무에 찍다니,

그때 인주 묻은 바람의 엄지손가락을 보았다
바람의 지장指章이 집과 사람에게도 찍혔다고
아침부터 뉴스가 소란했다

매미라는 바람이 지나갔다
그녀의 이동 경로를 눈치는 챘는데 아무도 차단하지 못했다
툭, 건드린 베란다 유리창이 박살이 났다
그 지문을 지우는 데 며칠이 걸렸다

이웃집 부부는 늘 미풍이었다
그 웃음 속에 태풍이 숨어있었다
남자에게 뛰어든 바람이 빠지기도 전
이혼이라는 지문을 달고 가족은 뿔뿔이 흩어졌다

방귀 뀌는 모자

 헝클어진 마음을 감추기 위해 모자를 쓴다 모자를 쓴 아들을 어머니가 바라본다 모자를 쓰면 마음이 진정되나 어머니 마음은 더욱 헝클어진다

 저마다 모자를 쓰고 있다 키를 키워볼 양으로 모양새를 갖추다가 좀 크고 나면 모자가 되어버린다 뭔가 얻으려고 할 땐 모자를 쓴다 뭔가 감추려고 푹 눌러썼다가 얻고 나면 모자로 변해 목소리 높인다 아들딸까지 모자를 씌워놓고 고개를 빳빳이 들고 맨 꼭대기에서 눈을 내리깐다 콧대 높게 세우고 과시한다 삼킨 것이 많아 소화불량이다 방귀 냄새에 숨이 막힌다

 맞아, 그래도 역사가 푹 눌러쓴 모자 그 옛날 이승을 저승으로 옮기려 들던 산 사람을 삼키던 순장 제도의 방귀보다 고약하진 않지 모자 하나 눌러 쓰고 나는 향수를 뿌린다

부채의 원칙

　레오나르도 디카프리오는 부모가 밀어준 덕에 마돈나는 제힘으로 부자가 되었다

　디카프리오는 부모에게 부채가 많고 마돈나는 부채가 없다

　부모에게 부채가 많을수록 행운이다
　세상은 넘치는 그의 행운을 부러워한다
　부채가 없는 그녀는 한동안 불행했다
　세상은 자수성가를 칭찬하지만
　사막을 건너온 맨발을 부러워하지는 않는다

　부채를 제공한 부모를 제하면
　과도한 행운은 쉽게 사라진다
　한동안의 불행은 부모를 제해도
　용케 행운으로 지속된다

자식에게 대물림하는 유산은 합법적인 부채의 형식이다
받은 부채를 모두 탕진하는 순간,
또 다른 부채가 달려오고
부채의 형식은 돌변한다

타임 퀘스트

 비엔날레에 갔죠 설치미술과 친해지고 싶었거든요 진열장이 나프탈렌을 가두고 있었죠
 과거를 업고 나프탈렌이 자꾸 날아오르고 있었어요 진열장 밖으로 시도 중인 나프탈렌이 부옇게 진열장을 울음으로 가리고 흘러내릴 것 같았죠
 제 위치를 찾아가려는 나프탈렌의 심리를 자석처럼 시간이 끌어당기고 있음을 작가는 보여주고 싶었던 거죠
 생각해보니 나프탈렌은 우리였어요

 더 큰 진열장의 우리를 지구의 것을 시간의 품속으로 끌어모으는 어떤 심리, 싱싱하게 물오른 초록들이 건조해지고 끝내 바삭한 낙엽이 되는 것,
 흙을 통해 온전히 부식되어 사라져버리는 것을, 아주 느리게 대기에 빨대 꽂고 흡입하는 장면을 나프탈렌이 읽으라는 거였죠

 불혹이 수분을 유혹해 내 뼈를 삭히고 살을 말려 주름

과 하나씩 바꾼다는 사실을 나는 나를 좀 더 키워 보려 애를 무진 쓰는데 지성을 주는 척 건조시켜 조금씩 흡입한다는 사실을 주검으로 들어간 모든 자가 다 그렇게 당한 것을 눈치채고 나프탈렌이 그를 고발했지만 결국 시간이 현장을 덮고 나프탈렌을 지워버렸죠

 하지만 시간의 정체가 발각되어도 아무도 거부할 수 없게 서서히 들이마셔 진다면 어차피 그게 목적이라면 일분일초와 하나 되어 그를 추구하고 탐험해야겠죠 촘촘히 즐기면서…
 나프탈렌이 날아오르고 주저앉기를 반복하면서 내비게이션처럼 온몸으로 길을 안내했던 거죠

르네상스
—창가에 서서

 책을 타고 여행을 하고 있었어 불새 한 마리가 구름 밑에서 날개를 퍼덕였지 따가운 햇볕이 불을 품어댔어 창문 밖 풍경이 아름다워 넋 잃고 바라보았지 동참하고 싶어져 치열한 몸짓으로 붓을 들고 깨작였지 그것을 들고 창가로 갔어 자신감이 풍선처럼 부풀었지 불새를 잡을 거라고, 쫓아가듯 온 힘을 기울였어 하루 이틀 바늘에 찔리자 불새 사냥도 아픔이었지 바람이 빠지기 시작했어 되돌아가 책을 타고 있었지

 문 열기 위한 준비운동,

 불새를 다시 그리기 시작했어 잘 그려졌는지 알 수 없어 창가로 갔지 풍경에 선을 보였어 잘 그렸다고 했지 햇볕은 다시 뜨거워지고 불새가 눈앞에서 어른거렸어 그때 느닷없이 송곳으로 그림을 찔러 댔어 아팠지 너무 아파 이를 악 다물었어 순간 불새가 내게로 왔지 관문 통과, 숨쉬기가 즐거워졌어 창문 밖 풍경이 되었지 삽화로 페이지를 장식하기도

사람 만들기

하늘과 땅을 오르내리고 구름에 보일락 말락 베일에 싸인 은밀한 천상 여자 휘어진 허리선에 벨트같이 비탈길을 동여맸다

굽이굽이 흐르는 개울에 희디흰 발목을 담그고 바람결에 머리칼을 흩날리며 앉아있는 그녀 달빛에 젖은 신비한 얼굴로 아름다운 별빛 모자를 쓰고 푹신한 안개에 둘러싸였다

순백의 드레스를 걸치는 날엔 쌀쌀하고 과묵하다 완전무장을 하지 않으면 만날 수 없는 차가운 여자 하지만 딸처럼 어린 섬을 업고 안고 구천 명을 먹여 살렸다

해마다 덕유산, 그녀가 철쭉과 반딧불이 축제로 사람들을 부르고 있다 나, 밑그림을 완성하러 그녈 만나러 간다 모태인 그녀가 역할 모델이 되고부터 점점 사람이 되어 간다

홍길동을 낳은 봄

봄은 동에 번쩍 서에 번쩍 출몰해서
세상을 확 뒤집어놓지
귀신도 따돌리는 축지법에 나무들은 철을 잊고
꽃을 토하기도 하지
거센 바람의 권법에 모가지를 내밀거나 잘리기도 하지
공중이 어지럽고 들판에 흙바람이 부는 것은
모두 계절의 전조증상이야
한판 뒤집어엎겠다고 그가 오는 게지
그 많은 꽃잎을 일시에 담아가는 것도
꽃을 모르는 음지의 나라에 거저 주려는 것이야
그 나라에선 꽃이 희망이거든
어젯밤 비를 부른 것도
동백의 목을 칼로 내려친 것도
모두 놈의 짓이지
낙화를 이고 흘러가는 강물에
수많은 칼날의 흔적이 숨어 있어
홍 판서가 태몽을 꾸듯 봄은 내게로 왔지만

미처 키우기도 전에 사산했어
봄은 그렇게 낙태를 경험하며 꽃을 피운대
수많은 겨울의 목을 치고
비로소 봄이 되는 거래
음지에서 태어나 빛을 수혈하고 싶은
길동이처럼, 그렇게

지구의 이중장부

70억 밥줄 에너지 저장고, 세상에서 가장 큰 공장이 지금 가동 중이다

매년 1,500억 톤 당분의 생산을 맡은 암실에서 녹색식물을 위해 수백 가지 맛을 선보이는 어머니 사계절 맛이 다르다

차츰 어머니의 미각이 변해간다

자식들은 스프레이를 뿌리고 무스를 바르고 매연을 뿜어대며 질주한다 과속에 길든 쇳덩이들 고속으로 빌딩이 치솟고 도시는 광란의 열기로 달아오른다 문명이라는 명목으로 흑자를 가장한 적자를 산출하고, 빙산이 녹고 유빙이 늘어난다 숲이 삭제되고 하늘은 구멍이 나고

면역은 약화되어 혈압은 올라가고 맥박은 느리다 녹색식물 공장을 구해보려 적자를 흑자로 자신의 몸을 이

중장부로 약 대신 쓰는 지구, 결국 목숨을 담보삼아 몸을 호루라기처럼 분다

당신은 복입니까? 독입니까?

누구 배를 채워줄까?
억으로 바뀔 숫자가 준비 중이다
예측된 번호들이 대기 중인데
행운은 늘 비켜 간다
행운을 탐구하고 숫자를 맞추는 사람들이 늘어나도
행운은 쉽게 오지 않는다
필요한 것만 골라내는 신기한 기술을
어디 가면 살까?
도심 한가운데 명당이 있다는 소문에
사람들은 줄을 짓는다
복권방은 명당으로 자리 잡고
태연하게 복을 팔고 있다
주머니 마지막 비상금 한 장
지갑 깊숙이 복을 사서 넣는 사내
이미 복에 중독되었다
일주일 치의 행복을 구매해 살아가는 사람들
유효기간이 지난 복은 중독의 후유증이다

갈가리 찢겨 버려진다
버리기 위해 사야 하는 행운들이
날마다 판매되고 날마다 독이 되어 버려진다
일, 천, 만, 억…
이곳에 오면 대수롭지 않게 입에 오르내리는 숫자들
종이 한 장이
단숨에 인생 역전 시킨다고
명당은 큰소리를 치고
회전목마의 재미는 복을 제대로 선사한다
점점 늘어나는 고객,
복을 찾는 복 속 독의 힘으로
복권방은 마음껏 복을 누린다
당신은 복입니까?
독입니까?

베스트셀러

그는 인기 1위,

2,500개의 언어를 구사한다

그의 말은 아로새긴 옥구슬이다

내게 절댓값이다

아가페를 잘 다루어 흉악범도 변화시키는 그는 거짓말을 모른다

한 가지 주제에 일관성을 가진 그를 통해 사물이 바로 잡힌다

그는 과학을 초월하며 예언을 통해 역사를 이루는 노스트라다무스보다 뛰어난 대 예언자,

그는 트로이 목마 같은 복병을 숨긴 적대자의 공격 대상,

뉴턴의 발견 질량을 가진 물체 사이에 작용하는 만유인력이 질량의 곱에 비례하고, 거리의 제곱에 반비례 법칙같이 작용한다

40명을 통해 태어나 3,500년을 살고 있다

세계 곳곳 크거나 작은 존재인 그는 현재에도 오프라

인 온라인에서 발화되고 출력된다

    그는 희망 믿음, 영원한 행복을 만들어내는 bible이란 이름을 가졌다

    유유상종에 힘입어 의도적으로 나는 그와 함께 다닌다

    그를 지지하며 받들고 신봉하며

시 창작 실기론

세 사람이 밥을 먹고 있다.

A : 반찬이 맛있네. 솜씨가 그만인걸.

B : 근데 국은 맹탕인데…, 소금이 안 들어간 것 같아.
A : 소금을 쳐야지. 여기 소금 통이 있네.
B : 반 술이면 될까? (휘저어 맛을 본다) 이제야 간이 맞아 맛있군.

A : 근데 자네는 왜 소금을 안 치나?
C : 무슨 소리 조금 전에 소금 쳤는데…

A : 아니 내 말은 왜 가타부타 말이 없느냐는 거지. 우는 아이에게 곶감을 주어 호랑이가 달아날 것이라거나, 상용이 노자에게 딱딱한 것은 먼저 없어지고 부드러운 것이 오래 남을 것이라는 비유같이 맘을 표현해야 왜 맹맹하게 가만히 있느냐는 말이지.

B : 그래 뜨겁든 차갑든 해야지 미지근해서는 안 되지.

C : 알겠네. 그러니까 두 사람 말은 우유부단하지 말고 똑 부러지란 이야기군.

A : 그렇지. 물에 물 탄 듯 술에 술 탄 듯 굴지 말고 제 목소리를 내란 얘기지.

수상 심사 현황

 만삭인 아침이 몸을 푼다 어제가 출렁거리고 오늘이 태어난다 몸의 매듭을 푸는 임산부 웅크린 태아 출구를 찾아 아랫배 쪽으로 기울었다 어둠이 조금씩 밀려난다 빛을 향한 출구 태아의 첫걸음은 머리로 걷는다 물구나무로 좁은 산도를 통과하는 초행길, 산통에 길이 막히고 숨이 차다 앙다문 비명이 문고리를 흔든다

 태아의 더딘 움직임에 배가 출렁거리고 양수가 조금씩 비친다 어미의 처절한 몸부림, 찢긴 살점을 젖히며 웅크린 아이가 젖은 머리를 내민다

 바다가 술렁인다 바다의 자궁이 열리는 순간 어둠이 물러선다 철썩철썩 발길질한다 소란한 울음을 터트린다 하혈처럼 붉은 수평선 위로 갓 태어난 하루 얼굴이 보인다 몸을 푼 동쪽 바다는 핏물로 흥건하다 산후통으로 엎치락뒤치락, 그가 낳은 아이를 센다 방금 막 태어난 햇덩이를 받아 안아 당선자의 얼굴이 환하다

해설

시의 청문회법(聽聞會法)

유종인(시인)

  시는 귀[耳]의 대형화(enlagement)다. 언뜻 봐서는 입[口]이나 눈[目]일 듯싶으나 그리고 후각의 코[鼻]와 가만한 손길의 감촉일 듯싶으나 이 모두를 아우르는 귀의 이미지가 완연하다. 속엣말을 주워섬김으로써 듣고 유심히 응시하듯 봄으로써 들으며 오감을 한데 모은 듯 촉지(觸指)함으로써 또 듣는다. 어느 한 신체 부위의 편파적인 감각이나 내부적인 인지기능의 사용이 아닌 몸과 맘 전체의 운용이 가져오는 귀의 일체화, 그 전면화(全面化)된 귀의 활용이 시의 작용이 아닐까.

  청문회(hearing)는 그렇게 펼쳐지듯 갈마들며 또 번지듯 세상을 향해 시의 대상 상관물을 향해 오감과 생각을 열어놓는 귀의 성찬과도 같다. 그런데 이런 성찬이 하나의 맛과 아름다움에만 한정되지 않아서 다양한 맛과 멋의 진설(陳設)을 가능하게 한다. 물론 이런 귀의 관심사에는 마뜩하고 미쁜 것들만 구성되어지는 것이 아니라 불미스럽고 불만스러운 문제적 양상을 띤 현실의 내홍들까지도 과감하게 붙안고 고민하는 냅뜰성이 전제되어야 마땅하다.

박종인 시인은 삶의 길흉이 갈마드는 현대사회의 다양한 현상적 지표들을 간과하지 않고 그걸 시적 품으로 받아 궁구하듯 살피는 예리한 감식안을 가졌다. 언뜻 봐서는 일상적으로 지나치기 쉬운 난망한 현실의 여줄가리로 치부할 수 있는 것들도 그 안에 도사린 범상치 않은 유의미한 존재의 실상이나 실제에 시적 촉수를 드리우는 남다른 결행이 돋보인다. 그만큼 관성적인 삶의 소재에 쉽게 매몰되지 않고 불안과 실존의 심기를 건드리는 여러 대내외적인 이슈들을 선점하려는 남다른 의욕으로 일상적 삶의 평면에 입체적 인식의 파급을 얻어내곤 한다.

　　죽은 듯이 앙상한 나무가 날씨의 위로를 받자 부스스 눈을 뜨기 시작했다 봄볕 한 사발로 메마른 입술에 생기가 돌았다 이것은 가능성이다

　　예상은 빗나가거나 적중한다 절반이 확률을 넘었

을 때 봄이다 잘려진 목을 접목하는 기술자들, 전문가의 손이 빛나는 철이다

　무르익어 번창한 시기는 봄의 중년, 중년은 녹음과 그늘로 이어진다 봄의 뿌리에서 출발한 계절의 마디들, 네 개의 뿌리는 네 개의 매듭을 지닌다

　되풀이되는 기술에 나이테가 그려진다 봄의 고리에 들러붙은 수많은 죽음들, 한 번의 죽음 위에 안간힘이 다녀가고 바람의 피가 서늘해진다

　그늘을 좇아 모여든 것들은 그늘의 변심으로 다시 흩어지고 부활을 꿈꾸는 가능성은 어둠 속에 웅크린다

―「뿌리의 방식」 전문

　삶의 현황과 자연현상의 변이는 서로 궤적이 다른 듯하나 어느 순간 하나의 완숙한 비유 체계로 겹쳐지는 대목을 맞이한다. 숱한 대내외적 요인들을 상정하더라도 삶이건 자연이건 "예상은 빗나가거나 적중한"다는 진술

의 실제적 범위를 벗어나기 어렵다. 그것이 무슨 예상이든 삶에 집중한 것이거나 자연현상에 대한 예감이건 간에 그 변화의 향방은 완벽한 예상의 적중을 통해서가 아니라 오히려 이런 가역적이고 유동적인 흐름을 통해 사실의 접근을 가능하게 하곤 한다.

박종인의 시적 응시가 빛나는 대목은 가변적인 외부 혹은 외형의 변동성을 주재(主宰)하는 근원성, 즉 삶의 시공간적 주재자로서의 "네 개의 뿌리"를 간과하지 않고 있다는 점이다. 그 이면의 통찰을 통해서 가변성과 항상성(恒常性)이 서로 별개로 작용하는 듯 보이지만 실제로 그 둘은 연동시키는 "접목하는 기술"로서의 존재 만물의 표리관계를 포괄하고 있는 점은 남다른 시선이 아닐 수 없다. 사계절의 변화와 특징을 삶의 특징적인 국면으로 비유하면서 그런 계절의 순환, 즉 "되풀이되는 기술에 나이테가 그려진다"는 원숙함과 순환의 의미를 강화하고 있다. 또한 그런 생명 순환의 변화 속에도 "들러붙은 수많은 죽음들"을 간과하지 않고 숨탄것들과 같은 순환 속에 범주화(categorization)한다는 것은 제목처럼 "뿌리"라는 상징성을 웅숭깊게 바라보는 시선과 궤(軌)를 같이한다. 그러기에 "흩어지고 부활을 꿈꾸는 가능성"은 막연한 관념을 벗어나 실제적 존재의 방식으로 바뀌는 계기를 만들기에 이른다.

    나는 매일 상을 받는다 이미 상에 중독되었다 숨이 붙어있는 한 이 상을 타지 않으면 안 된다

    전에는 남이 주는 상만 받았다 이제 나 스스로에게도 주고 남에게도 준다 남에게 주는 위치이니 상 주는 재미가 쏠쏠해야 하는데 마지못해 주는 날이 더 많다 그런 날이면 상을 받은 사람이 오히려 짜증을 낸다 허구한 날 주는 상, 줄 때마다 부상을 챙기란 말인가

    상이란 모두가 즐거워야 하는 것 웃음꽃이 피어나야 한다 남녀노소 경쟁률이 가장 높은 상 마음과 육체가 갈망하는 피와 살을 만드는 상 그 상이 행복을 업그레이드시킨다 그래서 즐겨 찾기 하게 한다

    오늘도 상을 차린다 메뉴를 바꾸고 입맛을 정리한다 배고픈 식구들이 올 시간이다

                                   -「즐겨찾기-매일 타는 상」전문

앞서 일상의 소재나 현상들을 관성적으로 보지 않으

려는 화자가 그려내거나 목도하게 되는 현실에의 청문(聽聞)은 일상적 존재와 부각된 존재를 왕복하는 현실의 아이러니를 재밌게 희화화하기도 한다. 이 시편은 그야말로 상(賞)의 남발과 그 상의 귀중함에 대한 이중적인 심사를 하나로 버무린 요지경의 현실 단면을 포착하고 있다. 상은 그야말로 격려와 상찬의 의도이며 그 대상과 주체에 대한 진정한 정진의 효과를 기대하는 측면이 있다. 그러나 현실은 꼭 그렇지만은 않은가 보다. 관례화되고 요식화되며 정치적 혹은 상업적 잇속이 이면에 깔린 저급한 수상(受賞)의 뒷거래 그 관습적인 커넥션은 어제 오늘의 일만은 아닌 씁쓸한 요지경으로 횡행한다. 그런 계제에 "상이란 모두가 즐거워야 하는 것 웃음꽃이 피어나야 한다"라는 평범하면서도 올곧은 화자의 진술에 새삼 공명하지 않을 수 없다. "상 주는 재미가 쏠쏠하"지 못하고 "상을 받은 사람이 오히려 짜증을 낸"다면 그것은 애초의 시상(施賞)의 취지나 의도와는 자못 거리가 먼 것이 아닐 수 없다. 끌밋한 존재의 회복과 위로, 격려와 용기의 북돋움이자 그 대상이 지닌 미학적 우수성의 발굴이라는 측면은 어떤 상이든 그 선정의 덕목으로 크게 다르지 않을 것이다.

  화자가 "오늘도 상을 차린다"라고 했을 때, 그 상은 단순히 먹을거리를 진설한 밥상일 수도 있지만 그 동음이 어의 상(賞)도 그 본질적인 의미는 겹쳐질 수 있다. 시인이 바라는 상은 단순히 경쟁서열을 매기는 순위로서의 저급한 상보다는 "마음과 육체가 갈망하는 피와 살을 만드는 상"에 대한 속 깊은 갈망이 우선할 것이다. 이런 상이라면 우리는 좀 더 세상에 미만(彌滿)해 있는 저열하고 저급한 각종 상(賞)들의 존재 방식을 고민해봐야 할 것이다. 어쩌면 이런 고민이 화자가 직정적으로 언술한 본래적인 상의 가치에 부합하는 존재의 형식이자, 현실에서 듣고 보고 싶은 수상 문화의 전범이 아닐까 싶다.

매일 소위 존재감을 느끼도록 관계의 양상을 조율하고 부정성보다 긍정성을 높이는 심리적 고양이야말로 시적 공명의 한 형태이며 상의 본래적 기능의 일상화가 아닌가.

빙글빙글 공연이 펼쳐진다 TV 속에 꽃이 피었다 싱싱한 생화가 눈길을 끈다 손발의 극적인 연출은 한 편의 드라마, 나비처럼 팔랑거리던 몸은 회오리를 일으키고 공중으로 치솟는 순간, 시청률이 상승한다 얼음판 팽이가 되기까지 제 몸을 얼마나 후려쳤을까

한쪽으로 돌고 돌아, 몸은 한쪽으로 쏠렸단다 반대
편으로는 회전할 수 없는 몸, 생의 반은 병원 침대에
누워 팽이가 되려 했단다

꽃이다가
나비이다가
다시 팽이가 되는 여자,

수없이 넘어지고 쓰러져 얼음판에 뿌리를 내렸다

─「스타 스토리-김연아」 전문

 삶의 표층이 아니라 그 심층이나 이면에 대한 관심과
청문(聽聞)은 화자가 즐겨 그리고 의미 있게 귀를 여는
대목이 아닐 수 없다. 그래서 "스토리"는 범박하고 상투
적인 성공담보다는 가혹하고 어딘가 으늑한 생(生)의 곡
절을 여사여사하게 포착될 여지를 가질 수밖에 없다. 그
럴 때 "TV 속에 꽃이" 피고 세간엔 "싱싱한 생화가 눈길
을 끈다"는 대목에서 안이하게 눈요기로 끝날 공산은 거
의 없다. 그 화려한 "손발의 극적인 연출" 뒤에는 "한쪽으
로 쏠"린 "반대편으로 회전할 수 없는 몸"의 불구성을 간

취한다. 즉 화려한 불구라는 말, 즉 그 말에는 실제 몸이 말을 듣지 않는 불수의근(不隨意筋)의 이면이 도사린다는 것을 발굴하듯 첨예하게 목도하기에 이른다.

이 뒷면에 감춰진 듯한 곡절은 화려하고 수려한 "얼음판 팽이"가 얼마나 숱한 고통과 병증을 수반할 수밖에 없는 "스타"의 고된 수련의 과정인가를 새삼 깨우쳐 준다. 그런데 여기서 재밌는 것은 "김연아"라는 피겨 스타가 지닌 화려한 성공의 플레이가 순행에의 절정의 연기에 보내는 갈채와 환호이지만 그 역행의 불가능성에 대한 일종의 피땀 어린 대가라는 사실도 간과할 수는 없다. 능란함과 능숙함의 연기라는 것은 이처럼 아이러니하게도 불구적이고 불가역적인 동작을 희생의 담보로 잡는 수련 과정 속에 태동한다는 점을 화자는 시인은 명민하게 보아낸다.

얼음판의 "팽이"가 된 스타의 잘 드러나지 않는 곡절을 엿보듯 귀기울이는 시의 귀는 표면과 이면을 종합하고 "꽃이다가/ 나비이다가/ 다시 팽이가" 된 스타의 삶을 입체적으로 조망하는 실체적 진실을 획득한다. 시를 청문회라는 형식에서 본다면 이런 실체적 진실이라는 관용적 수사(修辭)를 관철하는 일인지도 모른다. 단면적이지 않고 다면적인 눈길이 대중적 존재의 스토리를 부각시키고 그 실체적 진실에 숨결을 불어 넣는다. 포장되고 레토릭으로 장식된 이야기라면 그것은 굳이 시의 눈길이나 발언이 아니어도 될 것이니, 냉철한 포용력으로 화자는 시적 상황을 구성하는 층위를 확보하기에 이른다.

> 누구 배를 채워줄까?
> 억으로 바뀔 숫자가 준비 중이다
> 예측된 번호들이 대기 중인데
> 행운은 늘 비켜 간다
> 행운을 탐구하고 숫자를 맞추는
> 사람들이 늘어나도 행운은 쉽게 오지 않는다
> 필요한 것만 골라내는 신기한 기술을
> 어디 가면 살까?
> 도심 한가운데 명당이 있다는 소문에
> 사람들은 줄을 짓는다
> 복권방은 명당으로 자리 잡고
> 태연하게 복을 팔고 있다
> 주머니 마지막 비상금 한 장
> 지갑 깊숙이 복을 사서 넣는 사내
> 이미 복에 중독되었다

일주일 치의 행복을 구매해 살아가는 사람들
유효기간이 지난 복은 중독의 후유증이다
갈가리 찢겨 버려진다
버리기 위해 사야 하는 행운들이
날마다 판매되고 날마다 독이 되어 버려진다
일, 천, 만, 억…
이곳에 오면 대수롭지 않게 입에 오르내리는 숫자들
종이 한 장이
단숨에 인생 역전 시킨다고
명당은 큰소리를 치고
회전목마의 재미는 복을 제대로 선사한다
점점 늘어나는 고객,
복을 찾는 복 속 독의 힘으로
복권방은 마음껏 복을 누린다
당신은 복입니까?
독입니까?

— 「당신은 복입니까?독입니까?」 전문

옛날이나 지금이나 인간 삶의 길흉화복에 대한 선택

적 기호(嗜好)는 별반 큰 차이가 없다. 상서로움과 영화를 누리고자 하는 현실적 욕망은 지극히 당연한 지향이나 본능일 수밖에 없다. 그런데 시인의 시각은 이런 현대화된 일확천금의 대박 꿈을 제도화한 복권의 의미를 중층적으로 들여다보고 있다. 과연 천민자본주의가 대중들을 상대로 파는 복권은 어느 만큼 실효성과 실질 가치가 있는 시스템인가를 점검하듯 들여다본다. 그럴 때 가장 먼저 숙고하게 되는 것이 "복"이라는 것의 실체에 대한 새삼스러운 규명이자 그 실체적 특징을 얼마만큼 대중들이 인지하고 있느냐이다. 화자는 그런 "복권방은 명당으로 자리 잡"은 것으로 보는 대중적 시각의 맹점을 간파하듯 "예측된 번호들이 대기 중"이지만 실제는 "행운은 늘 비켜 간다"는 사후적인 명제를 실감케 한다. 사행심이나 요행심이 그나마 서민 대중들의 소위 희망 고문이라도 되지 않는다면 너무 가혹한 것이 아니냐고 말할 수도 있을 것이다. 일면 타당한 측면이 없는 것도 아니다. 이해 못 할 측면이 없지도 않지만 언제나 "버리기 위해 사야 하는 행운들"은 일종의 "중독(中毒)"이라는 언술이 양가적인 감정을 불러일으킨다. 무엇보다 화자는 대중 각자가 의지적인 실행력으로 가꿔나가는 복이 아닌 독(毒)이라고 일갈한다. 오히려 화자의 냉철한 현실

인식은 복권이 구매자를 위한 생산이나 판매방식이 아니라 "복 속 독의 힘으로 복권방은/ 마음껏 복을 누린다"는 예리하고 신선한 통찰력을 선보인다.

삶의 중심에서 선량한 인간관계와 정신적 정서적 이타심에서 발원하지 않는 자본주의적 사행산업은 결코 완전한 복으로 인간사회 공동체에 환원될 수 없다는 점을 새삼 각성시키기에 이른다. 요행으로 구매하는 복이 아니라 베풀고 짓는 복의 고전적 의미를 시인의 냉철한 비판적 안목에 의해서 도도록해지는 국면이 아닐 수 없다.

담벼락을 따라 침범해 있던 어둠이 나를 뚫어져라 응시한다 그는 물체를 당기는 정중앙, 눈여겨보니 그가 내게 관심 있어 한다는 걸 알겠다 어둠은 자신 안에 나를 가둔다 그런 어둠을 나는 조금 열고 본다 그의 움직임은 맘 얻기 위한 몸부림, 나를 향해 완전한 사육을 얘기하고, 나는 빛을 벗어나지 않으려고 허우적거린다 내가 다시 태어난 순간부터 나를 사랑한 이 어둠은 늘 그림자가 되어 내 옆에 붙어 있었고 해가, 질 무렵에는 외투가 되어 나를 외부로부터 보호하고 있었다 요즘은 그런 그에게 나도 점점 빠져든다 내가 나를 벗어 던지자 어둠이 더 많은 영역을 차지하고 나는 그와 함께 창밖을 바라보고 있다 창밖으로 어둠이 번지고 있다 우린 말 없이 서로를 쳐다보고 있다 그와의 빈틈없는 이런 사랑이 나는 좋다 이제 어둠은 더는 어둠이 아니다

―「불륜의 심리학」 전문

앞서의 시편이 복권(lottery)에 관한 대사회적 관심과 흥행의 속내를 통해 대중심리학적 측면을 갈파하는 시인의 통찰력을 보여줬다면 이번의 "불륜(immorality)"에 관한 상황적 제시는 그 자체로 심층심리학적 측면을 건드리고 있다고 볼 수 있다. 흔히 불륜으로 비유되는 위선이나 악덕, 부도덕 같은 심리적 기제를 이 시에서는 "어둠"으로 통칭하고 있는 바 이 부정성의 심리가 어떻게 인간의 심층심리를 은연중에 "사육"하듯 "조금 열고" 보듯이 처음의 그 어둠의 부정성과의 대척적인 관계를 완화하고 이완시키며 궁극에는 "내 옆에 붙어 있"는 대상으로까지 친밀화시키는가를 보여준다.

앞서 통칭된 "어둠"은 자연적 현상으로서의 어둠과 부도덕한 인류의 상징으로서의 "어둠"이 혼재하는데 이 뒤섞인 어둠에 대한 인식이 오히려 이 시에서는 종내 무분

별의 식별의 차원으로 자연스럽게 교류되는 지점을 확보한다. 미묘하고 아이러니하다. 단순히 도덕률의 차원에서 보면 거부하고 경계해야 할 대상이자 행위들인데 그 대척점의 대상에 순치된다는 것이 시인이 파악한 존재의 내면인 듯하다. 마치 스톡홀름 증후군처럼 윤리적 대상과의 합일보다는 비윤리적 악당과의 연대에 더 심리적 끌림을 강조하는 심리적 기후는 무엇보다 그 심리적 기저에 소외에 대한 방어적인 기제가 완연하기 때문이 아닌가 싶다. 이는 "나를 벗어 던지자 어둠이 더 많은 영역을 차지"한 가운데 "그와 함께 창밖을 바라보"는 그 말 없는 존재의 교감, 그 교응의 심리는 다른 어떤 정신적 가치보다 우월한 경우를 점유하기 때문이 아닌가 싶다. 예측 가능하고 상식적 범주의 예단이 때론 빗나가는 이런 심리학적 정황의 추이를 파헤치듯 들여다보는 시인의 눈썰미 속에서 심리학과 시학은 공통의 관심사를 공유하기에 이른다.

1. 보고

항아리가 하나/ 간장이든 고추장이든 눈에 띄는 것은 모두 먹어 치움/ 조금씩 속이 차면서 키가 늘어나/ 어느 날/단지로 변해 있음./ 생각이 커지고 만물의 이치가 몸 안으로 들어오고/ 단지가 윤이 나고 눈길을 끌기도 함/ 어느 날부터 잘못된 것들까지 받아 넣고 있음/ 가득 찼다고 착각함

  2, 조건

  시간이 흐르면서 조금씩 변해감/ 시나브로 미세한 구멍들이 생겨/ 채우는 것 보다 빠져나가는 양이 더 많아짐/ 바닥이 드러나기 시작/ 어느새 밑 빠진 항아리로 변함

  3. 기재 사항

  점점 소리가 커지고/ 거미가 집을 짓고 들어앉음/ 건망증과 불면에 시달림

  4. 각성

  채워지는 것은 세월과 고독/ 점점 윤기를 잃고/ 뎅그렁뎅그렁/ 건어물이라도 넣어 존재 가치를 높일 필요가 있음

                    —「어느 단지에 대한 보고」부분

삶을 포함하여 모든 사물이나 숨탄것들의 소위 영고

성쇠의 변화적 인상을 제기한 이 시편은 마치 모든 존재가 겪어야 할 숙명적인 프로그램을 예시해 놓은 듯하다. 그것은 "어느 단지"라고 하는 기명(器皿)을 통해서 예시하고 있는 것이지만 이러한 샘플링의 경우는 정도의 차이는 있지만 모든 실존이 겪어야 할 단계라고 아니할 수 없다. 재기발랄함과 윤이 나는 생기가 점차 쇠락하면서 종국에는 "채워지는 것은 세월과 고독"이라는 피치 못한 멜랑콜리의 상태를 개괄하기에 이른다. 그런데 그런 사물과 생물의 막장에 이른 그 국면을 여는 장명(章名)이 예사롭지 않다. 다분히 몬존해진 실존의 상황을 적시하는 다소 우울한 호명이어야 하는데, 시인은 오히려 더 웅숭깊고 영특한 작명을 얻는다.

"각성(覺醒)"이 바로 그것이다. 시르죽듯 생물학적이든 정신적이든 쇠락의 기미가 완연한 가운데서도 이런 국면을 타개하듯 새뜻하게 개척해 나가는 모토를 선취하는 듯하다. 그러니 "거미가 집을 짓고 들어앉"은 그 퇴락함을 걷어내고 "건어물이라도 넣어 존재가치를 높일" 의지를 천명하는 것. 이것은 생물학적인 나이를 넘어 의지와 결기의 정신적 나이를 확보하는 정서이기도 하다. 그런 측면에서 "단지"라고 하는 기명의 시적 뉘앙스나 이미지적 인상만을 추수한 것이 아니라 그걸 매개로 한 생명 존재의 자각과 긍정적인 타개의 의미가 배어든 실존적 보고서의 양식을 취한다 볼 수 있다.

    그가 발견한 땅이 식민지가 되길 원했어 금과 향료의 나라 동양을 그리는 그의 가슴엔 검은 대서양만이 파도치고 있었지 땅이 보이지 않으면 내 머리를 자르시오 기꺼이 목을 내놓았지 육지다 외치는 순간 목은 살아나고 역사의 새 새벽이 오고 있었지

    범선을 타고 대서양을 건넌 그의 역사 속에 종일 파도가 넘실거리고 저어가던 뱃머리를 책상 위에 올려놓았어 창밖에는 초승달이 떠 있었어 달을 타려고 이마에 수평선을 만들었지 초승달은 수평선을 그어놓았어 바다가 요동하고 마스트가 심하게 펄럭이는 날 저녁이면 어김없이 그는 정수리에 닻을 내렸어

  신대륙을 여왕께 바치는 순간
  새 역사의 페이지마다
  가혹한 식민지로 물들고 있었어

                -「콜럼버스와 초승달-스토킹」 전문

발견과 개척지 소유에 관한 역사적 혹은 거시적인 관점을 인간의 관계적 관점에서 들여다보는 측면이 이 시편에는 도드라진다. 대항해의 역사와 그 신대륙의 발견과 소유 및 개척에 관해 새로운 관계의 패러다임을 요구한다고 볼 수 있는 이 시편은, 콜럼버스의 선언적인 언술이 미지의 영역을 이미 확신하고 소유하고 모종의 억압적 기제로 작용하는 측면을 예리하게 보아내고 있다. 부제로 붙은 "스토킹"은 그런 측면에서 존재의 혹은 사물의 발견이라는 것은 소유나 일방적인 간섭의 영역이 아니라 창의적인 소통의 관계 대상이라는 것을 반대급부로 암시하기에 이른다. 신대륙의 새벽을 향한 호헌장담은 '내 머리를 자르시오 기꺼이 목을 내놓'는 결단과 용기를 높이 살 수도 있지만 그 결행과 만용의 뒤끝에는 일방적인 소유와 탈취, 억압과 약탈의 '가혹한 식민지'가 예정돼 있다는 흉포함이 도사린다. 이것이 비록 대항해 시대의 역사에만 한정된 것일까. 꼭 그렇지만은 않다는 것이 시인의 눈길인 것 같다. 소유가 아닌 상생(cohabitation)의 관계적 모색을 회피한 야만적 탈취의 사냥 행각의 역사는, 과거의 것이 아니라 아직도 현실적인 상황으로 횡행할 수 있다는 화자의 시각이 갈마들어 있다.

"역사의 새 새벽"이 어떻게 특정되고 희망의 참된 주제가 되느냐는 그 주체의 의지에 달렸다는 선언적인 함의도 물론 포함하지만 무엇보다 핍박받는 "가혹한" 흑역사만큼은 개척자 및 약탈자의 심중에서 자행된다는 사실이 중요하다. 왜냐면 이런 심리적 폭압과 약탈의 무자비함은 인간의 내재적 심리 속에서도 여전히 현재진행형으로 악행을 도모할 가능성이 상존하기 때문이다.

    인간 사회에서
    갈등은 피할 수 없지.
    그래도 두 개의 동굴이 사랑으로 있는 그대로를
    받아드리고 동그랗고 투명한 뚜껑을 같이 덮고
    닫힌 뚜껑 속으로 더 잘 보는 그게 곧 리듬에
    맞춘 인류사회 공동체의 조화 아닐까?
    피아노 건반의 서로 다른 음이 조화를 이뤄
    아름다운 멜로디로 나오는 것처럼 안경도
    두 개의 다리로 얼굴을 같이 붙잡고 같이
    보이는 것을 잡아당겨 풍경들을 같이
    빨아들이는 공동체의 극치 그리고 언제나
    같이 허기진 듯 희생을 채워 넣고 넣어도
    차지 않지만 사이좋게 두 동굴로 나란히

짝 맞추어 한 곳을 바라보는 음률의 선처럼
말이야 마치 일란성쌍둥이가 같이 팀웍을
자랑하는, 동굴과 뚜껑이 맞춤형 제짝으로
만난 연분이기에 같이 울고 웃고 도전하고
격려하는 그런, 그래서 시너지가 하모니를
이뤄 동굴은 동굴대로 각각 문을 가지고
있으면서도 다양하지만, 음의 리듬같이
모두가 하나로 잠을 잘 땐
그 문을 닫고 잠이 들면 그때서야
동굴을 떠난 안경은 안경집에서
잠이 드는 각각은 독특하지만
이처럼 성공적인
팀웍이 진정한 가족관계로
증명되는 것 아닐까?

―「가족관계증명서」전문

 복잡다단한 이해관계와 욕망의 상충과 야합으로 얽힌 세상사를 바라보는 시적 기준이랄까 존재의 처신의 매개를 화자는 "안경"이라는 사물의 메뉴얼을 통해 짐작하고 긍정한다. 그런 안경의 기능적 역할을 규정하는데 화자는 그걸 "두 다리로 얼굴을 같이 붙잡고 같이 보이는 것을/잡아당겨 풍경들을 같이 빨아들이는 공동체의 극치"라는 언술을 통해 나름 규명하고 있는 듯하다. 소위 균형과 조화라는 공동체적 덕목을 지향하는 바 "사이좋게 두 동굴로 나란히/짝 맞추어 한 곳을 바라보는 그런 아름다움"에 대한 소명을 갖추고자 한다. 거기엔 두 개의 눈이 하나의 균형 잡힌 주관적 시야와 객관성의 확보를 통해 나름의 미학적 대상과의 소통이 가능할 수 있다는 "팀웍"의 의미를 강조하는바가 여실하다. 외골수의 시각만이 아니라 두 개의 시야가 하나의 안목으로 적절히 운용되고 눈썰미 있게 사물과 현상을 파악하고 판단하는 준거이자 매개로서의 안경은 "동굴"의 이미지를 통해 독립적이면서도 상통하는 협력의 관계망을 드러낸다.

현대사회의 가족해체와 그 구성원의 복수에서 단수로의 감소 등의 현황 속에서도 가족이라면 존재 증명의 속내는 "같이 울고 웃고 도전하고 격려하는" 전통적이고 보수적인 가족관에서 멀리 있는 것은 아니다. "안경"이라고 하는 사물의 적절하고 통일된 시야 확보라는 기능적 지향성의 이미지를 화자는 가족 구성원들 간의 "시너지가 하모니"를 이뤄내는 일종의 근간으로 삼고 있다고 볼 수 있다. 안경이라는 사물의 기능적 측면과 공동체로서의 가족의 연대적 특징을 비유적으로 연계시킨 측면이 새뜻한 경우이다. 비록 두 개의 안경알이 서로 다른 도수와 개별적 처치를 거쳐 동일한 질적 수준을 가지고 있지 않다 하더라도 오히려 그렇기 때문에 각기 다른 눈에게 맞는 적절한 시야의 확보를 담보할 수 있다는 측면을 이해하는 것, 아마도 가족이라는 범주 안에서의 구성원 각자가 이 서로 다른 안경알처럼 서로를 이해하는 심중은 이런 차별이 아닌 차이를 이해하는 측면도 중요롭지 싶다.

70억 밥줄 에너지 저장고, 세상에서 가장 큰장이 지금 가동 중이다

매년 천오백억 톤 당분의 생산을 맡은 암실에서 녹색식물을 위해 수백 가지 맛을 선보이는 어머니 사계절 맛이 다르다

차츰 어머니의 미각이 변해간다

자식들은 스프레이를 뿌리고 무스를 바르고 매연을 뿜어대며 질주한다 과속에 길든 쇳덩이들 고속으

로 빌딩이 치솟고 도시는 광란의 열기로 달아오른다 문명이라는 명목으로 흑자를 가장한 적자를 산출하고, 빙산이 녹고 유빙이 늘어난다 숲이 삭제되고 하늘은 구멍이 나고

　　면역은 약화되어 혈압은 올라가고 맥박은 느리다 녹색식물 공장을 구해보려 적자를 흑자로 자신의 몸을 이중장부로 약 대신 쓰는 지구, 결국 목숨을 담보 삼아 몸을 호루라기처럼 분다

　　　　　　　　　　　　－「지구의 이중장부」 전문

　시인의 관심의 대상과 초점은 미시적 대상에서부터 지구라는 땅별의 거대한 살림살이나 현황을 살피는 거시적인 관점과 관심 대상을 시의 테이블 위에 올리곤 한다. 특히 생태적 관심과 우려의 시각에서 보면 "70억 밥줄 에너지 저장고"라고 볼 수 있는 지구의 생태는 짐짓 걱정스럽고 위험수위를 오르락내리락하는 우려와 심각 단계 수준이라는 비판적 시각을 가감 없이 드러내기에 이른다. 지나치다고만 할 수 없는 이런 우려의 바탕엔 "문명이라는 명목으로 흑자를 가장한 적자를 산출"하고

있는 지구촌의 운영 회계의 부적확성과 부실, 생태적 배려나 고려의 희박성 등에 시인은 주목하고 있는 듯하다.

    밑동이 잘린 느티나무, 나이테를 세어보니
    긴 세월 바람의 손끝에서 번진 파문이
    온몸에 녹음되었다
    계절이 드나든 길, 헐벗은 채 추위에 떨던
    음지의 시간은 길고 촘촘하다
    빛이 쏟아지던 따뜻한 풍경은 느슨하게 감겼다
    내가 태어나기도 전, 이미 알아버린 세상
    한 번도 보지 못한 하늘과 낯선 목소리도
    네 몸에 다 기록되었다
    한 줄의 동그라미는 그가 걸었던 흔적
    레코드판이 세선을 한 바퀴를 도는 동안
    우듬지로 이어진 통로를 따라간다
    천천히 해를 따라 걷던 발자국들
    제 몸에 갇힌 보행은 수많은 동그라미로 압축되었다
    해가 지고 달이 지고
    숱한 저녁이 오고 새벽이 오고 아침이 다녀가면
    공중에 걸어둔 수많은 팔을 흔들며 춤을 추던 나무
    그때마다 점점 가까워지던 하늘

그가 품던 둥지와 재재거리던 날개는 사라졌다
끝내 그가 닿고 싶었던 곳은 어디였을까
두툼한 뱃살의 시간들
푸른 옷 한 벌 어디에 벗어두고 맨몸으로 이곳에 멈추었을까
숨겨둔 나이를 실토하고 또 무엇이 되려나
막막한 그의 여생은 저 사나운 톱날에 달려있다

―「동그라미 사형장」 전문

앞서 시의 청음력(聽音力)은 하나의 감각에만 국한된 것이 아니라 존재의 주변에 생성되고 변이되며 새롭게 확장되는 현상들을 성찰하고 나름의 감각적 통찰의 언어로 규명하려는 내재적 힘의 소산이라 할 수 있다. 이럴 때 시적 수용력은 협량한 생각이나 편협한 관념에 물들어 있으면 아무리 사실적인 대상이라도 왜곡된 규명에 도달할 수밖에 없다. 시는 새롭게 보되 그 이면적 진실에 최대한 개성적인 몰입을 가능하게 하는 창의적인 시각과 그 언술에 정서와 감각, 생각을 도입하려는 행위 과정을 간과할 수 없다. 여기엔 관성적인 시각이나 공정성을 결여한 판단, 공감력이 떨어진 고정관념의 반복으

로는 존재 주변의 사물과 현상을 참다이 발견할 수 없는 상투적인 수용체로 전락할 수밖에 없다. 잘려진 나무의 "나이테"를 통해 더운 계절과 추웠던 계절, 춘추(春秋)의 사소한 그리고 굵직한 생활의 역사를 보아내는 시인의 눈썰미는 "네 몸에 다 기록되었다"라는 단정 속에서 확장하듯 오롯해진다. 보이는 것과 눈에 보이지 않는 것, 필수적이라 느꼈던 것과 부수적이라 외면하기 일쑤였던 것 등을 포함해 일체의 시공간의 흔적과 궤적이 "한 줄의 동그라미는 그가 걸었던 흔적"을 존재의 원형 바코드처럼 내장하고 있는 듯하다.

그런데 이런 "두툼한 뱃살의 시간들"을 다양한 각도에서 조망하는 계기는 아이러니하게도 "사나운 톱날에 달려있다"라는 화자의 시각이 혁신적이고 돌발적이다. 짐짓 이런 톱날의 작동은, 나무 자체에는 벌목의 시간이고 초록과 둥지를 잃어버리는 상실의 계절로 일단 예단할 수 있지만 그것만이 전부는 아니다. 그것은 바로 심층의 환부와 내막을 밝히는 일종의 발굴이자 성찰의 계기로 앞서의 상실을 상쇄하고 남음이 있다. 시에 있어서도 이런 벌목 뒤에 드러나는 나이테의 진경은 외물의 현상 같은 외연에 한정하지 않고 그 표리관계를 포함한 입체적인 진실에 다가가고자 하는 발굴의 노력으로 드러난 의

미심장한 경물(景物)의 이미지로 오롯하다. 박종인 시인의 시편들은 이런 대상과 존재를 향한 열정적인 응시의 열도(熱度)를 짐작하고 그 실제적인 실체를 밝히려는 꾸준한 시도 자체를 우리는 시가 매 순간 열어가는 청문회(聽聞會)라고 해도 되지 않을까. 돌발적인 질문의 정곡과 의표를 찌르는 질의와 대답 속에 시인의 시편은 점차 치열한 삶의 현장과 그 거부할 수 없는 깨달음과 정서적 정신적 온축(蘊蓄)에 다가드는 매진을 거듭하고 있다.

포지션 詞林 012
연극무대

펴낸날 | 2020년 9월 16일

지은이 | 박종인
펴낸이 | 차재일
책임편집 | 이용헌
펴낸곳 | 포지션
등록번호 | 제2016-000118호
등록일자 | 2016년 4월 12일
주소 | 서울시 마포구 대흥로8길 26. 201호
전화 | 010-8945-2222
전자우편 | position2013@gmail.com

ⓒ 박종인, 2020

ISBN 979-11-970197-2-2   03810

값 10,000원

* 이 책은 2020년 부산광역시, 부산문화재단 지역문화예술특성화 지원사업의 지원을 받아 제작하였습니다.
* 이 책의 전부 또는 일부 내용을 재사용하려면 반드시 지은이와 포지션의 서면 동의를 받아야 합니다.